Inhalt

Lieferantenmanagement - einkaufen allein genügt nicht

Kernthesen

Beitrag

Fallbeispiele

Weiterführende Literatur

Impressum

Lieferantenmanagement - einkaufen allein genügt nicht

I.Zeilhofer-Ficker

Kernthesen

- Durch Lieferantenmanagement wird sicher gestellt, dass dem Unternehmen eine effektive und effiziente Lieferantenbasis zur Verfügung steht.
- Die Lieferantenauswahl, die Entwicklung von Lieferantenstrategien, die Lieferantenbewertung sowie die Lieferantenförderung sind die Kernaufgaben des Lieferantenmanagements.
- In die Lieferantenbewertung sollten nicht nur harte Daten wie Termin- und

Mengentreue sondern auch weiche Faktoren wie Entwicklungspotenzial und Informationsqualität mit einfließen.

Beitrag

Der Gewinn liegt im Einkauf .. sagt eine alte Kaufmannsregel. Von den Lieferanten aber immer nur noch günstigere Preise zu verlangen, reicht nicht aus. Professionelles Lieferantenmanagement sichert langfristig die Zusammenarbeit mit strategisch wichtigen Geschäftspartnern.

Lieferantenmanagement mehr als nur einkaufen

Die Zeiten sind längst vorbei, da der Einkauf nur dafür da war, Preise zu verhandeln und Bestellungen auszuschreiben. Die Bedeutung des Einkaufs ist vielen Unternehmen in den vergangenen Jahren des verschärften Kosten- und Innovationsdrucks bewusst geworden. Selbstverständlich sitzen nun Vertreter der Beschaffung in den Vorständen und Führungsgremien und legen dort die Strategien für das Unternehmens-Sourcing fest.

In großen Industrieunternehmen ist das Lieferantenmanagement längst zur Kernkompetenz geworden. Wichtigste Aufgabe der Einkaufsabteilungen ist es, eine der Sourcing-Strategie entsprechende effektive und effiziente Lieferantenbasis herzustellen und für deren Steuerung und Entwicklung zu sorgen. In den durch die Globalisierung unübersichtlicher werdenden Beschaffungsmärkten müssen die passenden Geschäftspartner gefunden und gefördert werden. Im Zeitalter von Outsourcing und Internet gehört dazu natürlich auch der Einkauf von Dienstleistungen und Leistungspaketen. (1), (2)

Die Kernaufgaben des Lieferantenmanagement sind deshalb die Lieferantenauswahl sowie die Optimierung der Lieferantenstruktur, die Festlegung der Lieferantenstrategie nach Warengruppen, die Lieferantenbewertung und das Lieferantencontrolling sowie die Lieferantenentwicklung. Die partnerschaftliche Öffnung zu den Lieferanten durch Entwicklungskooperationen und der ständig steigende Wettbewerbs- und Innovationsdruck verlangt nach funktionierenden interdisziplinären Beschaffungsteams, die Projekte begleiten und vorantreiben können. (1), (2), (3), (4), (8)

Diese strategischen Aufgaben verlangen eine weitgehende Automatisierung der operativen

Bestellabwicklung, d. h. nach der Erstellung von entsprechenden Rahmenverträgen und Katalogen wird die Bestellung an sich durch Eingabe in ein entsprechendes System vom Anforderer direkt angestoßen bzw. durch die Übermittlung von Bestands- und Verbrauchszahlen vom Lieferanten automatisch übernommen. (5)

Lieferantenauswahl und Lieferantenstruktur

Der heutige Einkäufer muss über detaillierte Kenntnisse der globalen Beschaffungsmärkte verfügen, um passende Kandidaten für die Lieferantenauswahl zu finden. Für lohnintensive Teile sollten Lieferanten in den Low Cost Ländern wie China oder Indien in Betracht gezogen werden. Auf die Besonderheiten bezüglich Qualitätsfähigkeit, logistischer und kultureller Anforderungen muss dabei allerdings genauestens geachtet werden. Profile über den idealen Lieferanten sind hilfreich, um die Leistungsfähigkeit des potenziellen Geschäftspartners mit den Anforderungen zu vergleichen.(6), (7), (9)

Die bestehende Lieferantenstruktur sollte regelmäßig überprüft und optimiert werden. Die Ergebnisse von kontinuierlichen Lieferantenbewertungen sind dafür wertvolles Hilfsmittel. Diese Beurteilungen sind ebenso notwendig, um geeignete Kandidaten für strategische Partnerschaften zu identifizieren. (3), (8)

Nach wie vor wird ein Schlüsselthema bei Lieferantenverhandlungen natürlich der Preis sein. Allerdings sollte das Ziel dabei nicht der billigste Preis, sondern der optimale Preis sein. Das heißt, die Qualität muss stimmen und Preiskalkulation muss nachvollziehbar sein. Schließlich muss die Leistungsfähigkeit des Lieferanten hinsichtlich Service, Logistik, Informationsaustausch und Innovationsfähigkeit in die Auswahlkriterien mit einbezogen werden. (1), (2), (3)

Einkaufs-Strategien

Die Auswahl der optimalen Lieferanten ist in großem Umfang von der gewählten Strategie abhängig. Soll die Materialgruppe durch Single, Dual oder Multiple Sourcing bedient werden? Um welche Art von Waren handelt es sich, strategisch wichtige A-Teile oder unwichtige Verbrauchsmaterialien, die über genehmigte Kataloge bestellt werden könnten? Kommt die Beschaffung in Niedriglohnländern in Frage? Welches Profil sollte der ideale Lieferant haben? Welche Lieferanten sollen gefördert und entwickelt werden und in welcher Art und Weise? Diese Fragen müssen beantwortet werden, bevor mit in Frage kommenden Lieferanten verhandelt werden kann. (8), (10)

Lieferantenbewertung und Lieferantencontrolling

Nicht nur für Verhandlungen mit den Lieferanten ist es wichtig, den Überblick über die Leistungsfähigkeit des Geschäftspartners zu behalten. Lieferantenbewertungssysteme müssen natürlich genauestens registrieren, ob Lieferungen termingerecht und in der bestellten Menge erfolgen. Daten über die abgelieferte Qualität sind ebenso selbstverständlich. Wichtig ist es aber auch, subjektive, weiche Faktoren in die Bewertung mit einfließen zu lassen, vor allem beim Einkauf von Dienstleistungen, die oft nicht mit harten Zahlen zu beurteilen sind. (1), (2), (11), (12)

Zu den zu erfassenden weichen Kriterien gehören unter anderem das Informationsverhalten, die Angebots- und Abrechnungsqualität, die Personalqualität und das Innovationspotenzial eines Unternehmens. Die Datenerfassung für Lieferantenbewertungen sollte dabei für alle Kriterien so weit als möglich automatisiert sein. Punktesysteme sollten eine Gewichtung von einzelnen Parametern erlauben und Stärken und Schwächen eines Lieferanten aufzeigen. (10), (12)

Lieferantenentwicklung und Förderung

Durch die kontinuierliche Bewertung der Lieferantenleistung sind Schwachpunkte leicht erkennbar, an deren Beseitigung mit dem Lieferanten gearbeitet werden sollte. Das Ergebnis könnte beispielsweise eine Beseitigung von Medienbrüchen bei der Datenübermittlung oder eine Prozessverbesserung im Logistikbereich sein. Die Möglichkeiten sind vielfältig und der Entwicklungsprozess sollte fortlaufend geführt werden. (1), (2)

Strategisch wichtige Geschäftspartner könnten gezielt dahingehend gefördert werden, dass daraus Entwicklungspartnerschaften oder das Outsourcing von ganzen Prozessstufen entstehen können. Vertrauen und partnerschaftliches Zusammenarbeiten sind dafür allerdings unabdingbare Voraussetzung. (8), (13)

Fallbeispiele

In der Broschüre Kernstrategie Einkauf hat die ZF Friedrichshafen ihre Prinzipen der Zusammenarbeit mit Lieferanten detailliert niedergelegt. Die Lieferantenauswahl wird unter Berücksichtigung des Weltmarktkostenniveaus durchgeführt, Lieferflexibilität und Liefertreue werden ebenso vorausgesetzt wie eine Null-Fehler-Qualität. (3)

Auch beim RWE Konzern will man sich auf wenige strategisch wichtige Lieferanten konzentrieren. Alle Lieferanten werden konsequent bewertet und gezielte Maßnahmen zur Lieferantenentwicklung erarbeitet. Niedriglohnländer werden nach fähigen Lieferanten durchforstet. (8)

In Zusammenarbeit mit SAP wurde bei Knorr Bremse ein ausgeklügeltes Lieferantenbeurteilungssystem entwickelt. Die Lieferanten werden sowohl vom strategischen Einkauf als auch von den beteiligten Mitarbeitern der Fachabteilungen bewertet. Außerdem fließen Ergebnisse der Lieferantenselbstauskunft in die Beurteilung mit ein. (11)

Bei BMW wurde ein offenes WebPortal geschaffen, das sich Virtuelle Innovations Agentur (VIA) nennt. Hier können Lieferanten innovative Ideen zur Begutachtung durch Entwicklungsspezialisten einstellen. (13)

Über 5000 Lieferantenbewertungen werden bei Daimler-Chrysler jedes Jahr durchgeführt. Das Ergebnis ist die Grundlage für Zielvereinbarungen sowie für Maßnahmen zum Abbau von Schwachstellen bei den Lieferanten. (14)

Welches die wesentlichen Erfolgsfaktoren für ein professionelles Lieferantenmanagement sind, kann man in dem Buch Lieferantenbewertung aber wie? von Hartmann/Orths/Pahl nachlesen. (15)

Weiterführende Literatur

(1) Operatives Lieferantenmanagement (Teil I)
Lieferanten unter der Lupe
aus BA Beschaffung aktuell, Heft 11, 2005, S. 72

(2) Lieferantenbewertung und -controlling als Steuerungsinstrumente Leistungsfähig, zuverlässig
aus BA Beschaffung aktuell, Heft 10, 2005, S. 28

(3) ZF Friedrichshafen: Netzwerk aus Lieferanten und

Mitarbeitern Kernstrategie Einkauf
aus BA Beschaffung aktuell, Heft 11, 2005, S. 38

(4) Bewährte Einkaufsstrategien ergeben auch für Dienstleistungen Sinn IT-Profis müssen ihre Zulieferer anleiten
aus Computer Zeitung, Heft 42, 2005, S. 21

(5) Einer für alle: Erfolgreiche Umsetzung des Lead-Buyer-Prinzips Bessere Konditionen und effizientere Prozesse
aus BA Beschaffung aktuell, Heft 5, 2005, S. 40

(6) Deals in Übersee
aus Logistik inside, Heft 08/2005, S. 37-38

(7) Gemeinsam stärker sein
aus LOGISTIK HEUTE, Heft 7-8/2005, S. 56-57

(8) Interview mit Dr. Ulrich Piepel, Leiter Konzerneinkauf RWE One Face to the Supplier
aus BA Beschaffung aktuell, Heft 6, 2005, S. 43

(9) Hochschule Niederrhein in Mönchengladbach Innovation, Strategie und Wissenschaft
aus BA Beschaffung aktuell, Heft 8, 2005, S. 60

(10) Controllingunterstützung im Beschaffungsbereich
aus Bilanzbuchhalter und Controller, Heft 08/2005, S. 181

(11) EINHEITLICHES MANAGEMENT EINER

HETEROGENEN LIEFERANTENBASIS Den Überblick behalten
aus QZ Qualität und Zuverlässigkeit, Heft 10/2005, S. 31-34

(12) Mit System die Lieferanten-Spreu trennen
aus is report, Heft 9/2005, S. 32-37

(13) Sechs Trends in der globalen Automobilindustrie Einkäufer unter Zugzwang
aus BA Beschaffung aktuell, Heft 10, 2005, S. 31

(14) "Blindflug durch die Einkaufskette"
aus Automobil Produktion, Heft 4/2005, S. 46-48

(15) Lieferanten- bewertung Einkaufsführer Der Einkauf als Kostenmanager
aus Industrieanzeiger, Heft 0X1, 2005, S. 27

Impressum

Lieferantenmanagement - einkaufen allein genügt nicht

Bibliografische Information der deutschen Nationalbibliothek

Die Deutsche Nationalbibliothek verzeichnet diese Publikation in der deutschen Nationalbibliografie; detaillierte bibliografische Daten sind im Internet über http://dnb.d-nb.de abrufbar.

ISBN: 978-3-7379-1054-5

© 2015 GBI-Genios Deutsche Wirtschaftsdatenbank GmbH, Freischützstraße 96, 81927 München, www.genios.de

Alle Rechte vorbehalten. Dieses Werk ist einschließlich aller seiner Teile – z.B. Texte, Tabellen und Grafiken - urheberrechtlich geschützt. Jede Verwertung außerhalb der Grenzen des Urheberrechtsgesetzes bedarf der vorherigen Zustimmung des Verlags. Dies gilt insbesondere auch für auszugsweise Nachdrucke, fotomechanische Vervielfältigungen (Fotokopie/Mikroskopie), Übersetzungen, Auswertungen durch Datenbanken oder ähnliche Einrichtungen und die Einspeicherung und Verarbeitung in elektronischen Systemen.